"La vérité est dans l'imaginaire."

Eugène Ionesco

Ce livre se lit de deux manières différentes les pages paires poèmes et les pages impaires l'histoire.

Numéro du livre dans la collection :

Textes de Bernard Brunstein

© Bernard Brunstein pour les illustrations - http://peinturedebernard.over-blog.com/

ISBN : 9782322161348

Histoires et illustrations de Bernard Brunstein

Tout a commencé

Jamais, il n'avait vécu une telle histoire, demain aujourd'hui, il va......vous l'écrire! Il était une fois .... je t'aime tu m'aimes..........
Deux êtres qui se rencontrent, elle lui la vie elle, elle sait que sur une page d'écriture, on peut être soi même.

juste un instant
laisse moi te dire
et même te l'écrire
je suis ton, aimant.

C'est ainsi que commençait, le livre écrit et laissé la comme un testament dans la chambre vide. Tout avait commencé sur une simple photo où elle apparaissait dans un salon.

Comment vous dire,
oui je vais vous l'écrire,
une histoire pas comme les autres
lisez, c'est la notre.
Un jour sur le net,
oui moi j'ai vu une photo.
Bon elle n'était pas très nette,
mais le décor était beau
et pourtant, je n'ai vu qu'elle
mes yeux m'ont dis, elle est belle.
Il va falloir se rencontrer,
c'était pas gagné.
Elle habitait Bruxelles
et moi pauvre de moi Nice.
La vie joue avec moi avec elle
en prolongeant les prémices,
puis l'on s'est rencontré
dans une ruelle un baiser
c'est comme ca que tout à commencé,
en pleine rue un jour de février.
Je me revois la regardant
elle timide n'osant
me parler et me dire
que notre histoire allait s'écrire.

Leur histoire, était un merveilleux conte moderne d'aujourd'hui. Au premier regard ils se sont compris. L'amour est un langage universel, ou même les silences se font entendre. A travers l'internet, ils se sont parlés, aimés en perdre la raison, oubliant même leurs chaines, ils sont redevenus adolescents. L'amour a t'il seize ans?

tout ce que tu n'écris pas aujourd'hui,
dans tes yeux je le lis.
Même si tu ne me regardes pas
je sais ce que veut dire ton regard las.

Le doute est un poison
qui doucement se distille,
dans notre moi notre raison
qui comme le bois se fendille.

Quelques mots,
qui viennent raviver tes maux.
J'aurais du avoir le courage,
de ma vie tourner la page.

D'être auprès de toi,
à chaque heure chaque jour,
laisser passer les mois
ne pas compter le temps de notre amour.

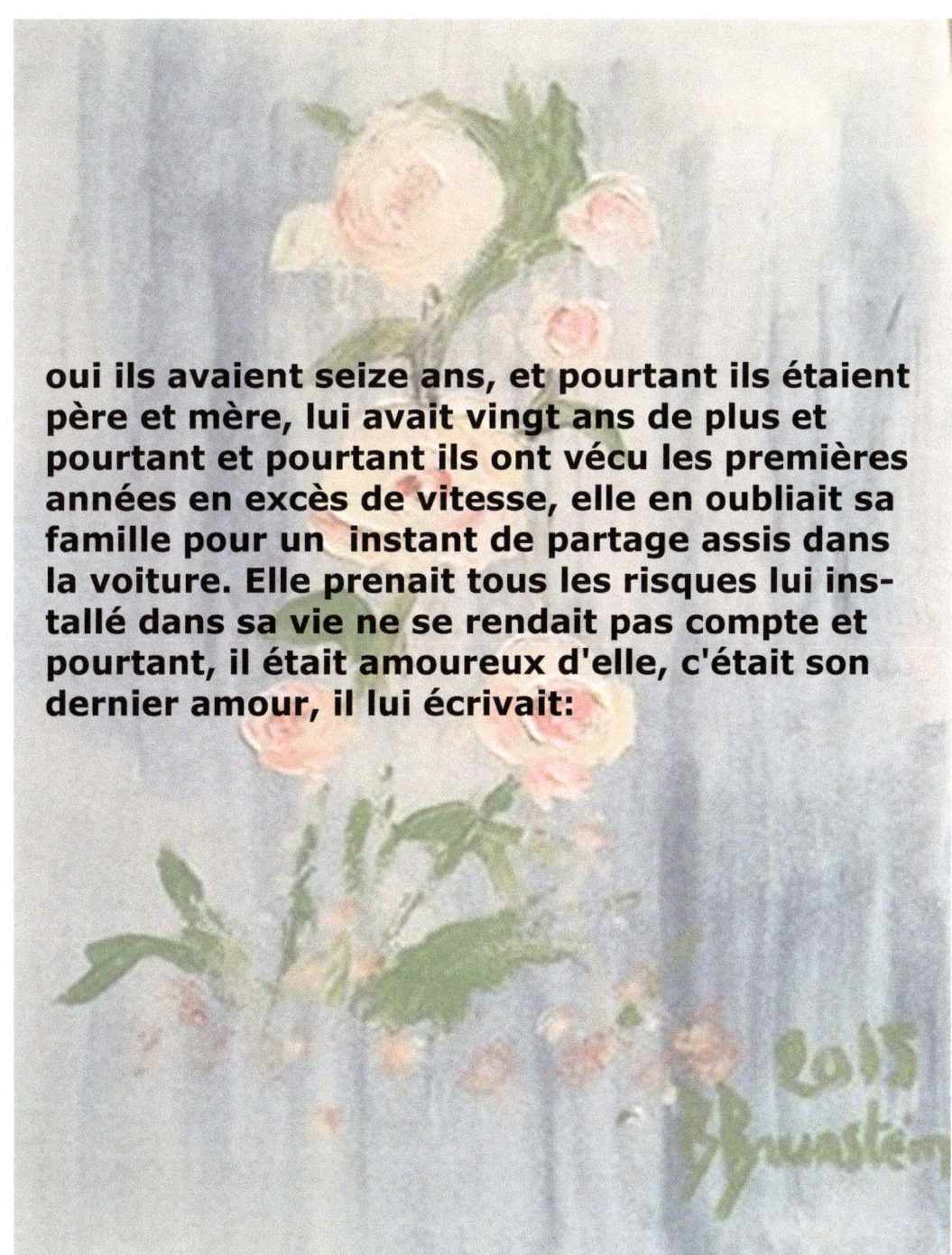

oui ils avaient seize ans, et pourtant ils étaient père et mère, lui avait vingt ans de plus et pourtant et pourtant ils ont vécu les premières années en excès de vitesse, elle en oubliait sa famille pour un instant de partage assis dans la voiture. Elle prenait tous les risques lui installé dans sa vie ne se rendait pas compte et pourtant, il était amoureux d'elle, c'était son dernier amour, il lui écrivait:

Je voudrais partir dans la couleur de tes yeux.
Laisser ma barque, dériver lentement
voir les nuages du plaisir dans tes cieux
lorsque le vent devient ton amant.

Retrouver la douceur de tes paysages,
lorsque la nuit tu deviens sage.
Respirer le parfum qui m'enivre,
en oubliant le temps, juste vivre.

Partir sur les chemins d'aventure
où mes mains ne sont jamais sure.
Courir revenir sans cesse,
apprendre par la caresse.

Pour découvrir ton monde merveilleux.
Je voudrais partir dans la couleur de tes yeux.

et pourtant il restait là, sur le rivage sans se rendre compte que la barque de leur amour doucement dérivait.

La barque est la, elle attend.
Attachée par ce lien fragile,
Qui l'unit à la terre sur le bord de cette ile
Demain peut être il sera temps.

Pour partir vers ce monde qu'il imagine
Au delà de la colline
Cette terre où l'on peut conjuguer
A tout les temps le verbe aimer

Pays de l'imaginaire
Qui n'existe pas sur notre terre
Où tout est amour
Oui ce mot qui rime avec toujours

La barque est la, est-ce une illusion
D'un désir de fuir
De son âme en perdition
Qui dans ce monde ne peut réagir

La barque est la

Il suffisait pourtant, de sauter du débarcadère, prendre les avirons et ramer, ramer vers ce monde où on oubli les contraintes de la vie. S'aimer voila juste ce qu'elle vous demande. Et lui il est resté sur le rivage, il n'a pas osé, et pourtant:

Une envie folle ce soir

lui caresser les fesses
juste une simple caresse
pour lui dire bonsoir

l'embrasser sur tes lèvres
un instant une minute brève
pour lui dire bonsoir

se griser à son parfum de femme
jusqu'en perdre mon âme
pour lui dire bonsoir

s'endormir contre sa peau
même si il fait chaud
pour lui dire bonsoir

Il est la seul sur cette plage son regard perdu vers l'horizon lointain, il pense.

Où sont mes rêves
quand mes yeux ferment leurs paupières
dans un moment de silence d'une trêve
mes mots s'envolent dans les airs

pour dessiner sur l'écran
blanc de mon ennui
des arabesques d'or et d'argent
de ma peur qui me suit

ils sont a la recherche
de ta main que je saisi
un peu comme une perche
de mon salut de ma nuit

A cette nuit , dans cette chambre où ils se sont retrouvés tous les deux, le monde était à eux. Et lui, il lui disait.

tu es belle mon cœur

je voulais partir dans la couleur de tes yeux
laisser ma barque dériver lentement
voir les nuages du plaisir dans tes cieux
lorsque le vent devient ton amant

retrouver la douceur de tes paysages
lorsque la nuit tu deviens sage
respirer le parfum qui m'enivre
oublier le temps juste vivre

partir sur les chemins d'aventure
où mes mains ne sont jamais sure
courir revenir sans cesse
apprendre par la caresse

découvrir ton monde merveilleux
je voulais partir dans la couleur de tes yeux

Et quand le matin a glissé ses rayons sur son corps endormi.

tu étais la couchée
ta tête sur l'oreiller
a travers la jalousie
le soleil jouait les paparazzi

dessinant des arabesques
d'un moucharabié barbaresques
chut tu dormais
et moi je t'ai regardé

**Le soleil se rival virtuel jouait sur son corps.
Il n'a pas fait de bruit.**

il suffit de pas grand chose
un silence, un regard.
Tous ces mots que l'on n'ose
se dire, une rencontre un hasard

et tout devient lumineux.
on pose doucement ses valises
la vie évite que l'on s'enlise
dans des chemins tortueux

ou les non dit les excuses
dans votre cœur s'infusent
pour tout vous faire voir
en gris et en noir

il suffit de pas grand chose
l'amour en est la cause
Lui qui vous entraine avec passion
en oubliant la raison

profitant de l'instant présent comme un voyeur un dessinateur, il devenait Ronsard devant sa marquise jaloux de ce rayon qui s'aventurait sur ton corps, et qui osait lui parler.

Qui êtes vous belle inconnue
ce soir je ne vous avais pas reconnu
derrière votre masque gris
je ne savais pas que vous étiez ici

j'aurais du reconnaitre votre sourire
votre parfum votre soupire
quand l'acteur a parlé de rose
sur la musique du virtuose

c'était a vous qu'il murmuré
les vers du poème de Ronsard
ma jalousie m'égare
sur un chemin au vent mauvais

Marquise je ne puis me passé de vous
vous êtes belle et je suis fou
ce soir vous m'avez regardé
vous vous êtes démasquée

Laissez moi Marquise vous aimer
je dépose mon amour à vos pieds

Lui qui gardait au fond de son cœur tous les mots d'amour qui l'avait écrit sur une écorce confiait à la foret. Chut c'était leur secret

Message

Sur une écorce réunis
Nos deux noms nous avons écrit
Message pour notre dame la terre
Elle qui écoute et sait se taire

Refuge pour les amants
Eux qui mesurent le temps
Qui savent que chaque heure
Est un moment de bonheur

Où leurs corps enlacés
Conjuguent le verbe aimer
Chaque instant chaque moment
Ils profitent du temps présent

Pour encore et toujours
S'avouer leur amour
Ils confient comme une prière
Comme une bouteille à la mer

Aux génies de la forêt
Ce message qui ne peuvent crier
Un peu comme un poème
Je t'AIME

Le temps distille doucement ses habitudes, et si le rêveur disparaissait que deviendraient leurs rêves.

Qui s'estompent, dans le jour naissant
qui filtre à travers nos paupières
pour nous dire il est temps
d'éteindre la lumière

du projecteur de nos rêves blancs
ceux qui nous entrainent la nuit
dans un monde au delà du présent
vers ce monde imaginaire, sans bruit

comme des ronds dans l'eau
qui s'éloignent pour mourir sur le rivage
les rêves éphémères images
s'envolent dans le matin très tôt

vers une bibliothèque de souvenirs
sur l'étagère bonheur
classés à la lettre cœur
pour nous permettre de les relire

Aujourd'hui il continue d'écrire leur histoire sur la toile blanche de sa vie, les souvenirs de cette nuit.

oh cette nuit
tes lèvres se sont posées
dans mon rêve il était juste minuit
l'horloge venait juste de sonner

il est toujours minuit docteur
quand sonne l'heure du bonheur
toi tu étais la comme une image virtuelle
et pourtant ton baiser était bien réel

avec la douceur de ta langue
juste un parfum de mangue
qui me rappelle la réalité
juste un instant je me suis réveillé

je te parle dans ma tête
oui je sais c'est bête
mais c'est mon refuge
la personne ne me juge

je peux crier je t'aime
mon amour et bohème
je suis moi je suis à toi
mon amour est vrai crois moi

oh cette nuit
tes lèvres se sont posées
juste pour signer
je t'aime sur le signe de l'infini

L'amour ne peut disparaitre, c'est une alchimie de deux êtres.
Elle est sa rose et lui son papillon.

L'AMOUR NE PEUT DISPARAITRE

L'amour ne peut disparaître
C'est l'essence de nos vies, de notre être
Même si aujourd'hui il vagabonde
Nos deux cœurs sont liés, comme dans une ronde
On peut se cacher, voir même refuser
Mais l'amour est là, il revient taquiner
Sous les traits d'un lieu, d'une chanson
Il nous fait revivre l'instant du frisson
L'amour ne peut disparaître
A une simple volonté, il ne peut se soumettre
Il est gravé à l'encre rouge de notre cœur
Sur le livre de notre vie, à la page bonheur
Comme le Sphinx il renaît de ses cendres
Par le souvenir, il vous fait revivre et entendre
Les instants privilégiés ou nos deux corps à l'unisson
Vibraient sous les flèches du dieu Cupidon

L'amour ne peut disparaître
C'est le fil invisible qui unit deux êtres
Il s'endort comme dans un conte de fées
Un an, dix ans pour enfin se réveiller
Au souffle léger, d'un tendre baiser
L'amour ne peut disparaître
Il est ! Il doit être

Déjà paru du même auteur

Nouvelle de B Brunstein
Illustrations B Brunstein

Derrière le Miroir

Histoire et Illustrations de Bernard Brunstein

La Danseuse

Poèmes et peintures de Bernard Brunstein

Les VILLAGES du Pays NICOIS

Histoire de Bernard Brunstein
Illustrations B Brunstein

Le Chat à la Fenêtre

Histoires pour enfants sages
Illustrations B Brunstein

Marcel et Rosalie

Marguerite et le Coquelicot

Le Petit Nuage

Le Papillon

Textes, poèmes et peintures de Bernard Brunstein

Il était une fois 14-18...

Editeur : BoD-Books on Demand, 12/14 rond point des Champs Élysées, 75008 Paris, France
Impression : BoD-Books on Demand, Norderstedt, Allemagne
ISBN :9782322161348
Dépôt légal : septembre 2018